2019년 6월 15일 1판 1쇄 **인쇄**
2019년 6월 25일 1판 1쇄 **펴냄**

펴낸곳 (주)효리원
펴낸이 윤종근
글쓴이 송미진
그린이 강유리
등 록 1990년 12월 20일 · 번호 2-1108
우편 번호 03147
주 소 서울시 종로구 삼일대로 457, 1206호
대표 전화 02)3675-5222 · **편집부** 02)3675-5225
팩시밀리 02)765-5222

잘못 만들어진 책은 구입하신 서점에서 바꾸어 드립니다.
ISBN 978-89-281-0633-2 64370
홈페이지 www.hyoreewon.com

BK는 (주)효리원의 임프린트사입니다.
BK는 Best book Korea의 약자입니다.

뿌지직! 뿡!
똥 방귀

송미진 글 / 강유리 그림

뿌지직~, 뿡뿡, 뿌우웅~!

이게 무슨 소리인지 다들 알겠지요?
네, 맞아요. 똥을 눌 때 소리와 방귀 소
리예요.

똥, 방귀하면, "에이, 냄새!" 하며 코를
싸쥐는 어린이도 있겠지만, "똥, 방귀 좋
아!" 하는 어린이도 있을 거예요.

이 책은 똥과 방귀를 이야깃감으로 한
전래 동화 책이에요.

우리 조상들은 똥과 방귀 이야기에 어
떤 교훈과 지혜를 담았을까요?

재미와 웃음이 넘치는 똥 방귀 이야기
속으로 들어가 볼까요?

글 송미진

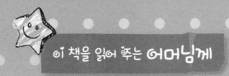

　전래 동화가 좋은 점은 재미있는 짧은 이야기 속에 교훈과 감동, 삶의 지혜가 담겨 있기 때문입니다. 따라서 이제 막 책 읽기에 빠져드는 아이들에게 좋은 읽을거리가 되지요. 더구나 뿌지직, 뿡뿡~! 똥과 방귀를 소재로 한 전래 동화는 더욱더 아이들에게 집중력과 상상력을 키워 줄 것입니다.

　한 편의 이야기가 끝날 때마다 아이가 느낀 점이나, 너라면 어떻게 하겠니? 또는, 그다음에는 이야기가 어떻게 되었을까? 등등 아이의 생각을 나누는 시간을 가져 보세요. 정답을 찾기보다 아이의 상상력과 생각에 귀를 기울이면 어느새 한뼘 자란 우리 아이를 발견할 수 있을 것입니다.

차례

똥 방귀 전래 동화!
까르륵~, 웃음이 터지는 이야기에
숨어 있는 재치와 지혜
교훈을 만나 볼까요?

옛날 어느 마을에 키다리 방귀쟁이가 살았어요.

뿌아앙~, 뿡뿡!

어찌나 방귀를 잘 뀌는지 한번 방귀를 뀌면 집이 들썩들썩, 나무에 달린 과일이 후두두둑 떨어졌답니다.

어느 날 키다리 방귀쟁이가 사람들 앞에서 방귀 자랑을 했어요.

"이 세상에 나보다 더 방귀를 잘 뀌는 사람은 없습니다!"

그러자 어떤 사람이 말했어요.

"고개 너머에 사는 작달막한 사람

이 더 잘 뀌어요. 그 사람이 방귀를
뀌면 기와집 한 채가 통째로 날아가
버려요!"

"뭐라고? 나보다 방귀를 더 잘 뀐다고? 그럴 리가 없어. 방귀는 내가 최고야!"

키다리 방귀쟁이는 속이 상했어요.

"안 되겠다. 만나서 누가 최고인지 시합을 해 봐야지."

키다리 방귀쟁이는 고개 너머 방귀쟁이를 만나러 갔어요.

"에헴, 계십니까?"

키다리 방귀쟁이는 뒷짐을 지고 거만하게 작달막한 방귀쟁이를 불렀어요.

그때 옆집에 사는 사람이 담 너머로 말했어요.

"거기 사는 방귀쟁이는 친척 집에 가고 없어요."

"집에 없다고? 에잇!"

당장 방귀 시합을 할 수 없게 되자 키다리 방귀쟁이는 화가 났어요. 그래서 작달막한 방귀쟁이의 집에 대고 방귀를 뿌우웅! 뀌었답니다.

그런데 이게 웬일이에요? 작달막한 방귀쟁이의 초가집이 방귀에 홀라당 날아가 버렸지 뭐예요. 돌절구만 하나 덩그러니 남고 말이에요.

키다리 방귀쟁이는 옆집 사람에게 말했어요.

"작달막한 방귀쟁이가 오거든, 이 돌절구를 방귀로 날려 보내는 시합을 해서 나를 이기면, 내가 새 집을

좀 무섭다!

지어 주겠다고 전해 주시오."

키다리 방귀쟁이는 이렇게 말하고

집으로 돌아갔어요.

내 말을
전해 주시오!

한편 집으로 돌아온 작달막한 방귀쟁이는 깜짝 놀랐어요.

"이게 어떻게 된 일이지? 집은 온데간데없고 돌절구만 하나 있네!"

작달막한 방귀쟁이는 두리번거리며 말했어요.

"이보게, 이제 왔군. 사실은…."

옆집 사람은 작달막한 방귀쟁이에게 키다리 방귀쟁이가 한 말을 전했어요.

사실은…

"그렇단 말이지? 좋아. 시합을 받
아들이지. 그럼 방귀를 뀌어 볼까?"
작달막한 방귀쟁이는 엉덩이를 쑥

빼더니 돌절구에 대고 방귀를 힘
껏 뀌었어요. 뿌우웅뿌웅, 뿡!
　그러자 돌절구가 슝~ 고개 너
머로 날아갔어요.

    키다리 방귀쟁이는 작달막
한 방귀쟁이가 돌절구를 날려 보
낼 수 없을 거라 생각했어요.
    그런데 저 너머 하늘에서 돌절구
가 자신의 집으로 날아오고 있지
뭐예요?
    "이크, 이대로 깔릴 순 없지!"

키다리 방귀쟁이
는 얼른 날아오는 돌절
구를 향해 방귀를 뿡! 뀌었어
요. 돌절구는 다시 고개 너머로
슝~ 날아갔어요.

　한편 돌절구를 날려 보낸 작달막
한 방귀쟁이는 자신이 이겼을 거라
고 생각했어요.

　"키다리 방귀쟁이야, 내 방귀 맛
이 어떠냐? 킁킁킁!"

　그런데 웬걸, 돌절구가 다시 날아
오지 뭐예요.

　작달막한 방귀쟁이는 얼른 하늘을
향해 엉덩이를 쳐들고 방귀를 뿌우

웅~ 뀌었어요.

　돌절구는 다시 키다리 방귀쟁이네
로 날아갔답니다.

키다리 방귀쟁이와 작달막한 방
귀쟁이는 밤이 깊도록 돌절구를
이리 보내고 저리 보냈어요.

"아이고, 힘들어."

키다리 방귀쟁이는 온몸의 기운
이 다 빠져 버렸어요.

"방귀를 뀌지 않으면

돌절구에 깔려 버릴 텐데…. 옳지,
돌절구를 멀리 다른 곳으로 보내
버리자."

키다리 방귀쟁이는 마지막 힘을
모아 방귀를 뿌우웅~ 뀌었어요.

돌절구는 고개 너머가 아닌 달
나라로 슈우웅~ 날아갔어요.

작달막한 방귀쟁이도 지치기는 마찬가지였어요.

"아휴, 더는 못해. 돌절구가 돌아오지 못하게 달나라로 보내야겠어."

작달막한 방귀쟁이도 마지막 힘을 모아 방귀를 뿡뿡, 뿡~ 뀌었어요.

두 방귀쟁이의 방귀 힘으로 돌절구는 마침내 달나라에 무사히 도착하였어요.

그 후 키다리 방귀쟁이와 작달막
한 방귀쟁이는 다시는 방귀 자랑을
하지 않았답니다.

생각이 쑥쑥

키다리 방귀쟁이는 세상에서 자신이 가장 방귀를 잘 뀐다고 생각했어요. 그래서 작달막한 방귀쟁이의 방귀 실력을 인정할 수 없었지요.

그런데 세상에는 나보다 뛰어난 능력을 지닌 사람이 많아요.

뛰어난 사람들을 시기하고 미워하기보다는 능력을 인정하고 존중할 줄 알아야 한답니다.

옛날 어느 마을에 두 형제가 살았어요. 욕심꾸러기 형은 부자로 살았고, 마음씨 착한 동생은 어머니를 모시고 가난하게 살았어요.

어머니 생신을 며칠 앞둔 어느 날이었어요.

"생신은 다가오는데 쌀이 한 톨도 없어. 나무라도 해다 팔아야지."

동생은 지게를 지고 산으로 갔어요.

"생신은 다가오는데 어머니께 무얼 해드리나, 무얼 해드리나."

동생은 지겟작대기로 땅을 두드리며 흥얼거렸어요.

흥얼 흥얼~

툭 툭!

41

그때 어디선가 동생의 말을 따라 하는 소리가 들렸어요.

"생신은 다가오는데 어머니께 무얼 해드리나, 무얼 해드리나."

동생은 이상해서 다시 한 번 흥얼거려 보았어요.

"생신은 다가오는데 어머니께 무얼 해드리나, 무얼 해드리나."

그러자 또 누군가 똑같이 흥얼거렸어요.

"생신은 다가오는데 어머니께 무얼 해드리나, 무얼 해드리나."

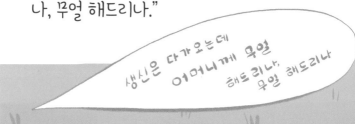

43

너구나!

동생은 따라 하는 소리가 나는 곳
으로 가보았어요.

"오호라, 바로 너구나."

시냇물이 졸졸 흐르는 곳에 남생

이 한 마리가 엎드려서 동생의 말을
흉내 내고 있었어요.
　동생은 남생이를 잡아들고 장터로
갔어요.

"남생이 사세요, 남생이. 말하는 남생이 사세요."

"남생이가 말을 한다고?"

사람들이 하나둘 모여들었어요.

"자, 들어 보세요. 흠흠."

동생은 헛기침을 한 번 하더니 말을 했어요.

"생신은 다가오는데 어머니께 무얼 해드리나, 무얼 해드리나."

동생이 말을 하자 남생이가 그대로 따라 말을 했어요.

"생신은 다가오는데 어머니께 무얼 해드리나, 무얼 해드리나."

"우와, 진짜 말을 하네!"

구경꾼들이 놀라 박수를 치며 신기해했어요.

그때 장을 보러 온 부자 영감이 말했어요.

"이보게, 그 남생이 나에게 팔게."

동생은 어머니 생신상을 차릴 돈
을 받고 남생이를 팔았어요.

부자 영감은 남생이를 받아 들고
생각했어요.

'으음, 사람들에게 돈을 받고 남생
이를 보여 줘야지!'

한편, 부자 영감은 식구들 앞에서 말하는 남생이를 자랑했어요.

"자, 내 말을 따라 할 거야. 설은 다가오는데 어머니께 무얼 해드리나, 무얼 해드리나."

그런데 어찌된 일인지 남생이는 한마디 말도 하지 않았어요.

"왜 말을 안 하는 거야? 에잇!"

화가 난 부자 영감은 남생이를 발로 콱 밟아 죽였어요.

아이쿠   저런

동생은 죽은
남생이를 가져다 햇볕이 잘
드는 마당가에 묻었어요.

　얼마 후 그곳에서 대나무 싹이 텄어
요. 대나무는 멈출 줄 모르고 쑥쑥 자
라더니 하늘나라 옥황상제의 곳간까지
뚫고 올라갔어요.

　그러자 날마다 하늘에서 쌀이 비처
럼 쏟아져 내렸어요.

　이제 동생은 큰 부자가 되었답니다.

쌀이다!

53

크큭
얼른 가자!

　욕심꾸러기 형은 동생이 부자가
되었다는 소문을 듣고 배가 아팠
어요.

　"네 이놈, 어떻게 부자가 되었는
지 말해 보아라!"

　동생은 그동안 있었던 이야기를

들려주었어요.

그러자 형이 대뜸 말했어요.

"죽은 남생이를 당장 내놓아라."

욕심꾸러기 형은 동생 마당에서
죽은 남생이를 파내어 들고 집으로
돌아갔어요.

집에 온 욕심꾸러기 형은 남생이를 어디에 묻을까 고민했어요.

"볕이 잘 드는 곳에는 과일나무가 있으니, 저 구석에 묻자."

욕심꾸러기 형은 남생이를 햇볕이 들지 않는 응달에 묻었어요.

다음날, 남생이를 묻은 곳에서 대나무 싹이 텄어요. 대나무 싹은 쑥쑥 자라나 하늘 위로 올라갔어요.

"에헤라디야~, 나도 이제 쌀 벼락을 맞겠구나!"

욕심꾸러기 형은 덩실덩실 춤을 추었어요.

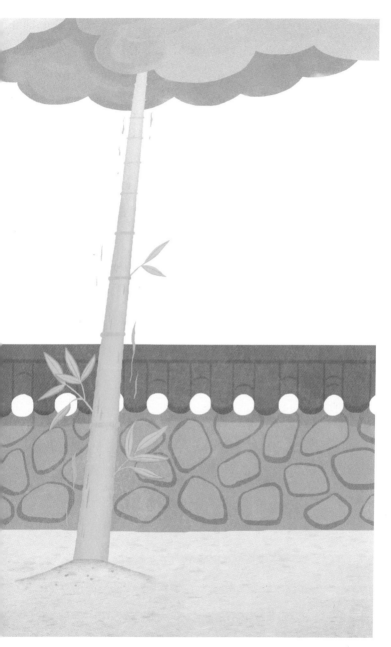

그런데 이걸 어쩌지요? 대나무는 곳간이 아니라, 옥황상제의 화장실을 뚫고 지나갔지 뭐예요.

이것도 모르고 하늘을 올려다보던 욕심꾸러기 형 얼굴로 똥이 주룩주룩 쏟아져 내렸어요.

"아이쿠, 웬 똥 벼락이냐?"

그 후 욕심꾸러기 형은 날마다 쏟아져 내리는 똥을 치우느라 쉴 틈이 없었답니다.

욕심 부리지 않고 착한 마음씨를 지녔던 동생은 남생이 덕분에 부자가 되었어요. 하지만 남생이로 돈을 벌려고 했던 부자 영감과 남생이를 응달에 묻어 준 욕심꾸러기 형은 낭패를 보게 되었어요.

이처럼 착한 마음을 먹으면 복을 받지만 나쁜 마음을 먹으면 화를 당한답니다.

허허! 몹시 급한가 보군!

옛날 어느 고을에 똥을 오래 누는 사또가 있었어요.

하루는 말을 타고 길을 가는데 갑자기 하인이 말했어요.

"사또 나리, 소인 똥 좀 누고 오겠습니다."

"오, 그리하여라."

잠시 후 하인이 시원한 얼굴로 돌
아왔어요.

사또가 놀라 물었지요.

"어찌 그리 금방 누고 왔느냐?"

하인은 사또를 놀려 줄 생각으로

이렇게 말했어요.

"그야 똥을 빨리 누는 곳에서 눴으
니까요."

"뭐라? 그런 곳이 있단 말이냐?"

사또는 신기하다는 듯 물었어요.

"그럼요. 저는 늘 똥을 빨리 누는 곳에서 눈답니다."

하인은 사또를 놀리는 재미에 키득키득 웃음이 나왔지만 꾹 참고 말했어요.

그럼요!

"똥이란 빨리 누는 게 최고지요. 그래야 다리도 안 저리고, 쿠린내 도 덜 맡지요. 하하하!"

하인은 뭘 좀 안다는 투로 웃으 며 말했어요.

"나도 그런 곳을 알고 있으면 똥 을 빨리 눌 텐데…."

사또는 한숨을 쉬며 말했어요.

그러더니 손뼉을 딱 치며 말했어요.

"똥을 빨리 누는 곳이 어딘지 나도 좀 알자꾸나."

그러자 하인은 안타깝다는 듯이 말했어요.

"저런, 방금 지나쳤습니다. 조금 더 가면 또 있으니 그때 알려 드리지요."

조금 더
가야 해요!

말을 타고 흔들흔들 가던 사또는
갑자기 배가 부글부글 끓었어요.
사또가 배를 살살 문지르며 하인
에게 물었어요.

"똥을 빨리 누는 데가 얼마나 남았
느냐?"

"조금 더 가야 합니다."

하인은 천연덕스럽게 대답했어요.

그런데 사또의 얼굴이 점점 일그러졌어요.

"아직도 멀었느냐? 내가 똥을 눠야 할 것 같다."

"사또 나리, 조금만 더 참으세요. 거의 다 왔습니다."

사또는 얼굴을 찡그리며 배를 움켜쥐었어요.

"똥이 나올 것 같단 말이다."

"아직 아닙니다. 조금만 더, 아주 조금만 더 참으세요."

하인의 말에 사또는 식은땀까지 흘리며 똥을 참았어요.

말고삐를 쥔 하인은 급할 게 없었
어요. 그래서 마냥 느긋하게 말을 몰
았답니다.

하지만 말 등에 앉아 있는 사또는
똥을 참느라 오만상을 찡그리고 있
었어요.

으흠~

바로
여기!

한참을 더 가자 사또가 다급하게
외쳤어요.

"똥, 똥이 나오려고 한다! 멈, 멈
춰라!"

멍...
멍 춰라!

그러자 하인이 얼른 말을 멈추고
큰 소리로 말했어요.

"나리, 바로 여깁니다! 여기가 똥
을 빨리 누는 곳입니다!"

크륵

사또는 얼른 말에서 내렸어요.

허겁지겁 바지춤을 푸르고 쭈그려

앉자마자 똥이 뿌지직 나왔어요.

"으, 시원하다. 똥을 빨리 누는 곳

이 좋긴 좋구나."

85

이 모습을 지켜본 하인은 속으로
사또를 비웃었어요.

'정말 어리석은 사또야. 세상에 똥
을 빨리 누는 곳이 어디 있담! 똥이
나올 때가 됐으니 나오는 거지!'

생각이 쑥쑥

우리가 입으로 음식을 씹어 삼키면 몸속에서 소화가 되고 남은 찌꺼기가 항문으로 나와요. 그게 바로 똥이에요. 대개 하루쯤 지나면 나오게 되지요.

그런데 한 고을을 다스리는 사또가 똥을 빨리 누는 곳이 있다고 믿다니 참 어리석네요.

똑똑하지 못한 사또를 비꼬아서 재미있는 이야기로 푼 조상들의 재치가 돋보이지요?

방귀풀

이삭

어느 마을에 아버지와 아들이 농
사를 지으며 살고 있었어요.
　　하루는 아버지가 아들을 데리고
조 이삭을 따러 갔어요.

"귀한
식량이니 빠뜨
리지 말고 따야 한다."
　아버지는 아들에게 이렇게 말
하고 조 이삭을 따기 시작
했어요.

조는 이삭이 아주 작은 곡식이에
요. 더욱이 올해는 비가 많이 오지

않아 조 이삭은 다른 해보다 더 잘았
어요.

그렇다 보니 작은 조 이삭을 따기
가 더욱더 귀찮았어요. 꾀가 난 아들
은 조 이삭이 큰 것만 골라 따기 시
작했어요.

아들이 이러는 것을 아버지는 금
방 알아챘답니다.

"이 녀석아, 따기 쉬운 큰 것만 골
라 따지 말고, 작은 것도 따야지!"

골라
따지 마!

아버지는 아들에게 따끔하게 핀잔을 주었어요.

그러자 아들이 펄쩍 뛰며 말했어요.

"아버지, 무슨 말씀이세요? 따기 쉬운 것만 따다뇨? 작은 조 이삭은 일부러 남겨 놓은 거예요."

일부러 작은 조이삭
남겨 놓았어요

"뭐, 일부러?"

아버지는 아들의 말에 '뭔 소리
냐?' 하는 표정을 지었어요.

아들이 의기양양한 얼굴로 말했어요.

"작은 조 이삭은 방귀풀이에요."

"방귀풀? 처음 듣는 이름인데….."

아버지가 고개를 갸우뚱하며 말끝을
흐렸어요.

의기양양

"방귀풀은 밥을 지으면 구린내가 나서 먹지 못해요."

"예끼, 그런 게 어디 있느냐?"

아버지는 아들의 말을 믿으려 하지 않았어요.

어디
한번 보자!

"진짜예요. 밥을 지을 테니 한번 맛을 보시겠어요?"

"좋다, 네 말이 맞는지 어디 한번 맛을 보자!

진짜라니 까요~

아들은 한 솥에 작은 조 이삭을 털
어 넣었어요. 그리고 다른 한 솥에는
큰 조 이삭을 넣고 밥을 짓기 시작했

어요.

그런데 방귀풀 얘기는 아들이 지어낸 얘기였어요. 아들은 속으로 걱정이 되었어요. 일도 건성으로 하고 거짓말까지 했으니 아버지에게 두 배로 꾸중을 들을 게 뻔했으니까요.

작은조 이삭을
톡톡~

'어쩌지? 아, 그렇게 하면 되겠다!'

아들은 찡그렸던 얼굴을 활짝 펴

며 손뼉을 쳤어요.

그러고는 작은 조 이삭을 넣은 밥

솥의 뚜껑을 열고 솥 안에 대고 냅다 방귀를 뿌아앙~, 뀌었어요. 그리고 재빨리 솥뚜껑을 닫았답니다.

아들은 급히 아버지를 불렀어요.

"아버지, 조밥이 다 됐어요. 어서 맛 보세요."

아들은 아버지가 오자 작은 조 이삭을 넣은 솥뚜껑

어디~ 흠흠

을 열었어요. 순
간 고약한 구린
내가 훅~, 풍겨
나왔어요.

짜잔~

"아이쿠, 구린내야!"

아버지는 코를 잡으며 말했어요.

그것을 보고 아들은 얼른 주걱으

로 조밥을 한 주걱 푸며 말했어요.

"자, 한번 맛을 보세요."

그러자 아버지가 손을 내저으며
말했어요.

"아니, 아니. 맛을 보나마나다. 방
귀풀이 맞다, 맞아!"

아버지~
맛 좀 보세요~

아들은 이번에는 큰 조 이삭을 넣은 솥의 뚜껑을 열었어요. 구수한 조밥 냄새가 훅~, 풍겨 나왔지요.

으음~
구수한
냄새~

아버지는 김이 모락모
락 나는 조밥을 보자 군침
을 꿀꺽 삼켰어요.

아들은 따끈따끈
한 조밥을 주걱으로
푹 떠서 아버지 앞으로 내밀었어요.
조밥을 맛본 아버지가 말했어요.
"큰 조 이삭은 참 맛있구나. 흐흠,
앞으로도 작은 조 이삭인 방귀풀은
절대 따지 마라."
위기를 넘긴 아들은 속으로 휴~,
안도의 한숨을 쉬었답니다.

113

생각이 쑥쑥

세상에는 하기 어려운 일이어도 꼭 해야만 하는 일이 있어요. 반대로 하기 쉬운 일이어도 해서는 안 되는 일이 있답니다.

작은 조 이삭은 따기 귀찮지만 귀한 식량이니 꼭 따야 하는 일이에요. 그런데도 아들은 거짓말로 해야 하는 일을 피했어요. 이런 거짓말은 당장은 먹힐 수 있지만, 얼마 못 가 들통이 나 망신을 당하게 된답니다.

방귀쟁이 며느리

옛날 어느 집에 예쁜 새색시가 시집을 왔어요.

새색시는 얼굴도 곱고 마음씨도
고와 가족 모두가 좋아했어요.

그런데 환하게 빛나던 새색시의 얼굴빛이 날이 갈수록 어두워졌어요.

하루는 시어머니가 며느리를 불러

말해
보렴~

물었어요.

"며늘아기야, 무슨 걱정이라도 있
는 게냐? 얼굴빛이 안 좋구나."

며느리는 얼굴을 붉히며 수줍게
말했어요.

그게...
저...

호호호

방귀를 못
뀌어서…

"어머니, 그게…. 차마 말씀드릴 수가 없습니다."

"한 식구끼리 못할 말이 어디 있느냐. 어서 말해 보렴."

시어머니의 부드러운 말에 며느리가 용기를 내어 말했어요.

"사실은 시집을 온 뒤로 방귀를 맘껏 뀌지 못해서 그러합니다. 억지로 참고 있다 보니…."

"뭐라고? 방귀 때문에 그랬다고? 호호호, 며늘아기야, 부끄러워 말고 이제부터는 맘껏 방귀를 뀌도록 해라."

시어머니는 웃으며 말했어요.

시원하게
뀌렴!

　그러자 며느리가 반가운 얼굴로
말했어요.
　"어머니, 정말이에요? 정말 맘껏
뀌어도 돼요?"
　"암, 되고말고. 그깟 방귀가 뭐라
고. 언제든지 시원~하게 뀌렴."

시어머니의 말이 끝나자마자 며느
리는 집안 식구들을 모두 불러 모으
고 말했어요.

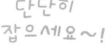

"지금부터 제가 방귀를 뀔 거예요. 아버님은 방 문고리를 단단히 잡고 계세요. 어머니는 부엌의 무쇠솥 뚜껑을 힘껏 누르시고요, 서방님은 기둥을, 도련님은 마당가

의 감나무를 단단히 잡고 계세요."

식구들은 영문도 모른 채 며느리가 시키는 대로 했어요.

"자, 이제 방귀를 뀔게요!"

며느리는 엉덩이를 뒤로 쑥 빼더니

참았던 방귀를 시원하게 뀌었어요.

뿌아앙~, 빵!

며느리의 방귀는 힘이 대단했어요.
글쎄 방문이 휙 날아가고, 솥뚜껑이
붕 날아가고, 기둥이 흔들흔들, 감나
무 잎이 우수수 떨어지지 뭐예요.

며느리의 방귀는 보통 방귀가 아니었던 거예요.

너무 놀란 시어머니는 며느리에게 말했어요.

"너 같은 방귀쟁이와는 살 수 없다. 당장 친정으로 돌아가거라."

맛있겠네!

방귀쟁이 며느리는 친정으로 길을 떠났어요. 시아버지와 남편이 함께 가고 있었지요.

한참을 가다 잘 익은 감이 주렁주렁 달린 감나무를 발견했어요.

"어휴, 배고파. 저 감이라도 좀 먹었으면…."

남편이 감을 보며 말했어요.

그 말을 들은 방귀쟁
이 며느리가 말했어요.

"아버님과 서방님은
저쪽에 좀 가세요."

그러곤 감나무를 향해 방
귀를 뿌우웅~! 뀌었어요.
그러자 감나무가 흔들흔들
하더니 감이 후두두 떨
어졌어요.

"어이쿠, 잘했다. 며늘아기의 방
귀가 필요할 때도 있구나!"

　시아버지는 감을 주우며 함박웃음
을 지었어요. 남편도 싱글벙글 좋아
했어요.

"애야, 친정으로 갈 것 없다. 다시 집으로 가자."

시아버지가 방귀쟁이 며느리에게 말했어요.

"아버님, 그래도 될까요?"

"암, 되고말고! 네 방귀는 분명 쓸 데가 있을 거다."

헤헤

그 후 방귀쟁이 며느리는 방귀를
참지 않고 맘껏 뀌었어요.
　대신 며느리가 방귀를 뀔 때면 식
구들은 무언가를 꽉 붙잡고 있어야
했답니다.

생각이 쑥쑥

며느리의 방귀 힘이 대단하네요! 방문이 떨어져 나가고, 무쇠솥 뚜껑이 날아가고, 기둥이 흔들거릴 정도라니요! 그런데 쓸모없을 줄 안 며느리의 방귀가 감나무의 감을 따는 데 효과적으로 쓰였어요.

이처럼 우리가 가진 재주나 능력은 어딘가 꼭 쓰임이 있어요. 어린이 여러분도 자신의 재주를 소중하게 여기고 잘 사용하도록 하세요.

싹싹
쓸어라!

옛날 어느 고을에 깔끔한 걸 좋아
하는 사또가 있었어요.

사또는 방에서 냄새가 나거나, 지
저분하면 하인들을 불러 당장 청소
를 시키곤 했답니다.

어느 날 오후였어요. 하인이 사또 앞에 점심상을 내려놓으며 그만 방귀를 뽀옹~ 뀌었어요. 며칠 동안 똥을 누지 못했는지 구린내가 진동을 했어요. 깔끔한 걸 좋아하는 사또는 밥맛이 뚝 떨어졌답니다.

뽀옹~

뽕구새
소리예요~

146

"윽, 방금 난 소리가 무슨 소리냐?"

사또는 짜증난 목소리로 물었어요.

하인은 차마 방귀 소리라고 말하기가 부끄러웠어요.

그래서 이렇게 둘러 댔답니다.

"뽕구새 소리입니다."

"뽕구새 소리라고? 그런 새도 있
단 말이냐?"

"예, 있습니다. 그 새가 울면 구린
내가 난답니다."

울면 구린내가 나는 새예요!

실수로 방귀를 뀌었다고 하면
될 것을 하인은 거짓말을 늘어놓
았어요.

당장 잡아와

으윽...

사또는 그런 하인이 괘씸했어요.

그래서 화를 벌컥 내며 말했어요.

"내 밥맛을 뚝 떨어뜨린 뽕구새를

당장 잡아 와라. 뽕구새를 잡아 오지

못하면 네놈을 살려 두지 않겠다!"

일이 커지고 말았어요. 거짓으로
둘러 댄 뽕구새를 어디 가서 잡아 올
수 있겠어요. 하인은 걱정이 이만저
만이 아니었어요.

다음 날, 하인은 뽕구새를 잡아 오
겠다며 관아를 나섰어요.

사또는 그런 하인을 보며 속으로
코웃음을 쳤어요.

'흥, 네놈이 언제까지 거짓말을 하
는지 두고 보자.'

하인은 저녁이 다 되어 돌아와서
는 너스레를 떨었어요.

"사또 나리, 다 잡은 뽕구새를 그
만 놓쳤지 뭡니까."

"그거 참 안됐구나. 앞으로 이틀
만 더 시간을 줄 테니 그 안에 꼭 뽕
구새를 잡아 오도록 하여라."

뽕구새
잡았다
놓쳤어요

157

하인은 이제 죽었구나 생각했어
요. 뽕구새는 세상 어디에도 없는 새
이니까요.

하인은 걱정에 밥을 먹을 수도, 잠
을 잘 수도 없었어요.

그러다 문득 무릎을 탁 치며 좋아
했어요. 기막힌 꾀가 떠올랐거든요.
　"그래, 그렇게 하면 돼. 하하하!
난 이제 살았다, 살았어!"

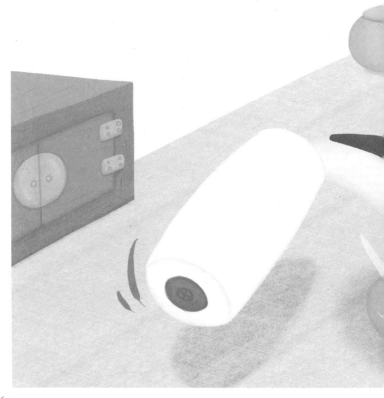

됐다, 됐어!
바로 그거야!

하인은 묵직한 자루를 메고 사또
앞에 나아가 머리를 조아렸어요.

"나리, 뽕구새는 잡지 못하고 대
신 뽕구새의 어미를 잡아왔습니다."

깡깡~

"뭐라? 뽕구새의 어미라고?"

"네, 그렇사옵니다."

"어디 한번 보자꾸나."

보자꾸나!

사또는 자루에 얼굴을 들이밀고
들여다보았어요.

그런데 이런, 자루 안에 든 것은
쿠린내가 진동하는 똥이었어요.

'윽, 똥 때문에 방귀를 뀌었으니

이 똥이 뽕구새의 어미가 맞는 건
가? 그렇다면 저놈을 살려야 하나,
죽여야 하나?'

사또는 오만상을 찡그린 채 이러
지도 저러지도 못하였답니다.

　'호랑이에게 물려가도 정신만 바짝 차리면 살 수 있다.'는 속담이 있어요.
하인은 얼렁뚱땅 둘러 댄 말 때문에 목숨까지 잃을 뻔했어요. 하지만 멋진 꾀를 내어 위기를 넘겼지요.

　그보다도 처음부터 사실대로 말을 하고 용서를 구했다면 일이 커지지 않았을 거예요.

　자신의 실수를 인정할 줄 아는 것도 용기 있는 행동이랍니다.

방귀
사세요

옛날 어느 마을에 아들 형제가 살았어요. 둘은 같은 부모 사이에서 태어났지만 서로 많이 달랐어요.

부모님의 재산을 모두 차지한 형은 부자로 살았지만, 동생은 나무를 해다 팔며 가난하게 살았답니다.

어느 날, 동생이 부지런히 나무를
하고 있을 때였어요.

갑자기 벌이 날아오더니 동생의
머리를 콕, 쏘고 날아갔어요.

"앗, 따가워!

동생은 나뭇가지를 휘휘 내두르며
날아가는 벌을 쫓아

갔어요.

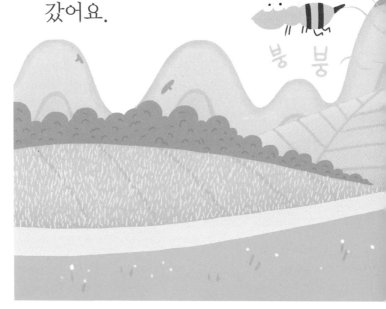

벌은 한참을 날아가더니 한 나무
에 있는 구멍으로 쏙 들어갔어요.

"오호, 여기 숨었다 이거지? 에잇,
혼 좀 나봐라."

동생은 나뭇가지를 구멍 속에 넣
고 마구 휘저었어요.

"내 맛이 어떠
냐? 하하하!"

동생은 휘젓던 나뭇가지를 꺼내며
기분 좋게 웃었어요. 그런데 나뭇가
지 끝에 뭔가 끈적끈적한 것이 묻어
있었어요. 맛을 보니 꿀이었어요.

"냠냠, 아, 달콤해!"

동생은 나뭇가지를 넣어 실컷 꿀
을 꺼내 먹었답니다.

어느새 날이 저물었어요.

동생은 식구들과 둘러앉아 저녁을
먹었어요.

그런데 자꾸만 방귀가 나오려고
했어요.

'밥상머리에서 방귀를 뀌면 안 되지. 암!'

동생은 항문에 힘을 꽉 주고 방귀를 참았어요.

하지만 얼마 못 가 뿌웅~ 방귀를
뀌고 말았어요.

"하하하, 호호호!"

아내와 아이들은 방귀 소리에 까르르, 웃음을 터뜨렸어요.

그런데 참 이상한 일이 벌어졌어
요. 방귀를 뀌자마자 아내와 아이들
이 밥맛이 꿀맛이라고 하는 거예요.
"어디 한 번 더 뀌어 볼까?"

뿡우웅~!

그러자 아이들이 또 한마디씩 했
어요.

"우와, 달아요. 달아! 밥이 꿀처럼
달아요!"

다음날부터 동생은 방귀 장사를
시작했어요. 입맛을 잃은 사람에게
뽕~ 방귀를 뀌어 입맛을 돋워

주고, 주막에 가 뿌웅~ 방귀를 뀌어
음식 맛을 꿀맛으로 바꿔 주었어요.

동생은 방귀를 팔아 금세 부자가
되었답니다.

이얍!

동생이 부자가 되었다는 소문을
들은 형은 샘이 났어요. 형은 한달음
에 동생에게 달려와 다그쳤지요.

"네 이놈, 어떻게 부자가 되었는
지 낱낱이 말해라."

동생은 그동안 있었던 일을 형에
게 자세히 말해 주었답니다.

샘 나!

잘해!

"흥, 꿀 방귀보다야 콩 방귀가 더 고소하지. 난 콩 방귀를 팔아야지."

집으로 돌아온 형은 콩을 한 말이나 삶아 먹었어요.

그러고는 방귀 장사를 하러 집을 나섰답니다.

"콩 방귀 사세요, 콩 방귀! 고소한 콩 방귀예요!"

"우리 집 떡에 방귀 좀 뀌어 주세요."

어느 집에서 아주머니가 나와 방
귀를 부탁했어요.

'옳거니! 아주 비싸게 팔아야지'

형은 아주머니 집으로 냉큼 달려
갔어요.

"자, 고소한 콩 방귀요!"

형은 떡을 향해 엉덩이를 쭉 빼고 힘껏 방귀를 뀌었어요.

그런데 이게 웬일이에요? 뿌지직! 물똥만 한 바가지 나오지 뭐예요.

"아이쿠, 구려. 떡을 다 버렸잖아요!"

아주머니가 코를 싸쥐며 소리를 질렀어요.

얼굴이 새빨개진 형은 '걸음아 날 살려라' 도망을 갔답니다.

191

생각이 쑥쑥

어머나, 꿀맛 나는 방귀라니!

참 재미있는 이야기지요?

꿀 방귀는, 가난하지만 열심히 살던 동생에게 찾아온 행운이에요. 콩 방귀는 부모님의 재산을 혼자 다 차지하고, 방귀까지 비싸게 팔려고 한 형에게 닥친 불행이에요.

어린이 여러분은 어떤 사람처럼 살고 싶은가요?

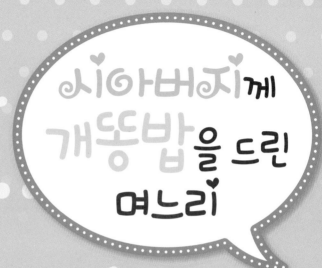

시아버지께
개똥밥을 드린
며느리

옛날 어느 가난한 집에 며느리와 시아버지가 살았어요.

며느리는 남의 집 일을 해 주며 시아버지를 잘 모셨어요.

다녀올게요

어느 날, 남의 집 일을 마친 며느리가 집으로 돌아오고 있었어요.

"어쩌나, 집에 쌀이 한 톨도 없는데…. 아버님께 저녁을 무엇으로 지어 드린담."

며느리는 한숨을 길게 쉬며 중얼거렸어요.

그때 길가에 놓인 개똥 한 무더기
가 보였어요. 가만히 보니 개똥 속에
보리쌀이 들어 있지 뭐예요!
"어머나, 보리쌀이잖아?"

며느리는 개똥을 몽땅 함지박에
담아 집으로 돌아왔어요.

200

그러고는 함지박에 담긴 개똥을 물로 깨끗이 씻고 또 씻었어요. 똥이 씻겨나가고 보리쌀만 함지박에 남았어요. 며느리는 보리쌀에서 구린내가 안 날 때까지 박박 문질렀답니다.

며느리는 그 보리쌀로 밥을 지어
시아버지께 드렸어요.

"밥맛이 아주 좋구나."

아무것도 모르는 시아버지는 맛있
게 저녁을 드셨어요.

냠 냠

접접 접접

'개똥에 든 보리쌀로 진지를 해 드린 저를 용서해 주세요.'

며느리는 시아버지 몰래 눈물을 훔쳤어요.

우르르~ 꽈앙!

　그때 갑자기 하늘에서 우르르 꽝
천둥이 쳤어요.

　'에구머니, 아버님께 개똥밥을 지
어 드려서 벌을 받나 봐!'

　며느리는 무서워 벌벌 떨었어요.

　그런데 무언가 쿵! 떨어지는 소리
가 들렸어요.

방문을 열고 나와 보니 마당 한가운데 웬 궤짝이 놓여 있었어요.

"이게 뭐지?"

며느리는 조심스레 궤짝의 뚜껑을 열어 보았어요.

궤짝에는 놀랍게도 하얀 쌀이 가득 들어 있었어요. 너무 놀랍기도 하고 고맙기도 하여 며느리는 울다 웃다 하였답니다.

다음 날 아침, 며느
리는 궤짝에서 쌀을
퍼 아침밥을 지었어요.

쌀 걱정 없이 밥을 지어 시아버지
를 드릴 수 있게 되니 콧노래가 절로
나왔어요.

가득~

저녁때가 되자 며느리는 또 밥을
하려고 궤짝 뚜껑을 열었어요.

"이상하다? 아침에 쌀을 퍼냈는데
줄지를 않았네?"

며느리는 고개를 갸우뚱하면서 저
녁 지을 쌀을 퍼냈어요.

그 다음 날 아침에도, 또 그 다음
날 저녁에도 궤짝의 쌀은 줄지 않고

처음 그대로였어요.

"이게 어떻게 된 일이지?"

아무리 눈을 비비고 다시 봐도 쌀
은 줄지 않고 그대로였어요.

"아버님, 신기한 일이 있어요."

"무슨 일인데 그러느냐?"

며느리는 하도 이상해 시아버지께
모든 것을 이야기했어요. 개똥밥을
지어드린 그날의 일부터요.

    이야기를 다 들은 시아버지가 웃
으며 말했어요.

    "너의 효성이 하늘을 감동시켰구
나. 그래서 퍼내도 줄지 않는 쌀 궤
짝을 보내주신 거야. 우리 며느리 최
고다, 최고!"

    시아버지는 덩실덩실 춤을 추며
좋아하였어요.

    그 후 줄지 않는 쌀 궤짝 덕분에
며느리는 끼니 걱정 없이 시아버지
를 모시며 행복하게 살았답니다.

생각이 쑥쑥

며느리는 차마 시아버지를 굶게 할 수 없었어요. 그래서 개똥에 든 보리쌀을 깨끗이 씻어 밥을 지어 드렸지요.

그러한 며느리의 효성이 하늘을 감동시켰어요. 퍼내도 퍼내도 줄지 않는 쌀 궤짝을 내려 주셨으니까요!

'지성이면 감천'이라는 말이 있어요. 정성이 지극하면 하늘도 감동하게 된다는 뜻이지요. 무슨 일에든 정성을 다하면 어려운 일도 순조롭게 잘 풀린답니다.

도깨비의 선물

옛날 어느 마을에 먹쇠라는 청년이 살았어요. 나이는 스무 살인데, 빈둥빈둥 놀기만 좋아했어요.

하루는 부모님이 먹쇠를 불러 말했어요.

"집에만 있지 말고 세상 구경을 떠나거라. 가서 사람들이 어떻게 사는지 한번 보아라."

먹쇠는 그날로 집을 나와 떠도는 신세가 되었어요.

오 집이다!

하루는 산속을 걷다 빈 집을 발견
했어요.

"날도 저물었으니 오늘 밤은 여기
서 자야겠다."

드르렁 쿨쿨~, 고단했던 먹쇠는
눕자마자 잠이 들었어요.

"너, 누구야? 일어나!"

한참 달게 자는데 누군가 먹쇠를 흔들어 깨웠어요.

"누군데 내 집에 함부로 들어와 자는 거야!"

먹쇠가 눈을 떠보니 도깨비가 왕방울만 한 눈을 데룩데룩 굴리며 서 있었어요.

먹쇠는 도깨비가 무서워
몸을 덜덜 떨었어요.

그런데 알고 보니 도깨비는 외로움을 많이 타는 도깨비였어요.

"나와 같이 살아 줘. 난 먹을 것도 많고, 돈도 많아. 네 마음대로 써도 좋아. 대신 내 허락 없이 돌아가면 안 돼."

먹쇠는 흔쾌히 도깨비 집에서 살기로 했어요.

토닥토닥

먹쇠는 하는 일 없이 빈둥빈둥 1년
을 지냈어요. 그러다 문득 엄마가 보
고 싶었어요.

선물이야!

먹쇠는 도깨비의 허락을 받고 집
에 다녀오기로 했어요.

"먹쇠야, 이 말을 타고 가. 부모님
께 드리면 좋아하실 거야."

놀랍게도 그 말은 엉덩이를 때리
면 금똥을 싸는 말이었어요.

먹쇠는 집으로 가던 중 주막에서
하룻밤 자게 되었어요.
　"이 말은 귀한 말이오. 절대 엉덩

이를 두드리지 마시오."
　먹쇠는 말을 주막 주인에게 맡기
며 당부를 했어요.

네네~

뭐 먹을까?

한밤중이 되자 주막 주인은 살금 살금 마구간으로 갔어요.

'왜 엉덩이를 두드리지 말라고 했을까? 어디 한번….'

주막 주인은 말 엉덩이를 톡톡 두드렸어요. 그러자 웬일이에요? 말이 금똥을 와르르 싸지 뭐예요.

에구머니!

주막 주인은 먹쇠의 말을 자신의
병든 말과 바꿔치기를 했어요.

다음 날 아침, 아무것도 모르는 먹쇠는 말을 끌고 주막을 떠났어요.

드디어 먹쇠가 집에 도착했어요. 부모님들은 눈물을 흘리며 반가워했어요.

"제가 놀라운 선물을 가져 왔어요. 바로 금똥을 누는 말이에요!"

어머니~

먹쇠는 자랑스럽게 말의 엉덩이에 얼굴을 들이밀고 톡톡 두드렸어요.

그러자 뿌지직! 말이 먹쇠 얼굴에 사정없이 똥을 쌌어요.

"어리석은 녀석! 나가거라!"

부모님들은 화를 내며 다시 먹쇠를 내쫓았어요.

먹쇠는 병든 말을 끌고 도깨비의
집으로 왔어요.

먹쇠는 밭을 일궈 곡식을 심고 채
소를 가꾸며 1년을 지냈어요.

그러던 어느 날 도깨비가 말했어요.

"이제 집으로 돌아가. 참 이 방망
이를 가져 가. 나쁜 사람을 두들겨
패는 방망이야."

먹쇠는 집으로 가던 길에 또 지난
번 주막에서 묵게 되었어요.

먹쇠가 곯아떨어지자 주인은 먹쇠가 자는 방에 들어와 방망이를 몰래 가져갔어요.

"이번엔 보물이 나오려나? 히히!"

주인은 신이 나 중얼거렸어요.

그때 먹쇠가 소리쳤어요.

"때려라, 방망이!"

그러자 방망이가 사정없이 주인을
두들겨 팼어요.

"아이쿠, 사람 살려. 아야아야! 잘
못했어요. 말도 금똥도 돌려 드
릴 테니 방망이를 멈춰 주세요!"

주막 주인은 먹쇠에게 싹싹 빌며
말했어요.

"방망이야, 멈추어라!"

금똥을 누는 말과 금똥까지 모두
찾은 먹쇠는 휘파람을 불며 집으로

돌아갔어요.

그리고 부모님을 모시고 행복하게
오래오래 잘~ 살았답니다.

도깨비 집에서 1년을 빈둥거리다 집에 갔을 때는 부모님께 다시 쫓겨났어요.

하지만 다시 도깨비 집에서 1년을 더 지낼 때는 열심히 밭을 일구며 농사를 지었어요. 그러고 나서 돌아갈 때는 빼앗겼던 귀한 말도 찾고 주막 주인도 혼을 내주었어요.

이처럼 게으름 피우지 않고 열심히 일을 하면 복을 받는답니다.

옛날, 아주 옛날, 한심한 아들과 아버지가 장에 가고 있었어요. 아버지는 나귀를 타고 한심한 아들은 나귀의 고삐를 쥐고 걸어갔지요.

한참 길을 가는데 한심한 아들이 말했어요.

"아버지, 엽전이 떨어져 있어요!"

줍지 마

한심한 아들은 길에 떨어진 엽전 한 닢을 보고 달려가며 말했어요.

그러자 아버지가 아들을 향해 호통을 쳤어요.

"이놈아, 그깟 엽전 한 닢이 뭐가 중하냐. 길에 떨어져 있는 것은 네 것이 아니니 줍지 마라!"

엽전을 주우려던 한심한 아들은 머리를 긁적이며 돌아섰어요.

그때 바람이 휙~ 불어와 아버지가 쓴 모자가 저 멀리 날아갔어요.

한심한 아들은 못 본 척 걸어갔어요.

그러자 아버지가 호통을 쳤어요.

"이놈아, 애비 모자가 날아간 거 안 보여? 어서 주워 와야지!"

아버지의 호통에 한심한 아들은 이해할 수 없다는 표정을 지었어요.

"그깟 모자가 날아간 게 뭐가 중한가요? 그리고 길에 떨어진 것은 내 것이 아니니 줍지 않아도 되잖아요."

"답답한 녀석아! 남의 것은 줍지 않아야 하지만, 애비 것은 주워야지! 나귀에서 떨어진 것은 모두 애비 것이니 꼭 주워야 해! 알겠냐?"

"아, 그렇군요. 앞으로는 나귀에서 떨어지는 것은 모두 줍겠습니다."

한심한 아들은 고개를 끄덕이며 다짐을 했어요.

얼마 후 아버지와 한심한 아들은
장에 도착하였어요.

그리고 이것저것 장을 보아 나귀
등에 짐을 실었어요.

한심한 아들은 행여 짐이 떨어질
까 봐 모두를 단단히 묶었어요.

다시 아버지는 나귀를 타고 한심
한 아들은 나귀를 끌며 집으로 발길
을 돌렸지요.

'나귀에서 떨어지는 것은 꼭 주워
야 해. 잊으면 안 돼!'

한심한 아들은 길을 가면서도 연
신 다짐을 했어요.

꾸벅 꾸벅~

나귀 등에 올라 탄 아버지는 끄덕
끄덕 졸았어요.

하지만 한심한 아들은 나귀에서
뭐 하나라도 떨어질까 봐 정신을 바

짝 차리고 걸었답니다.

그런데 이걸 어쩌지요? 갑자기 나귀가 똥을 누기 시작하는 거예요.

"나귀에서 떨어지는 건 모두 아버지 거야. 빠뜨리지 않고 주워야 해!"

한심한 아들은 얼른 쓰고 있던 모자를 벗어 나귀 엉덩이에 대고 똥을 받았어요.

"휴, 하나도 안 빠뜨리고 다 받았다."

아들은 나귀 똥이 수북이 쌓인 모자를 들고 기뻐했어요.

그러고는 졸고 있는 아버지를 깨워 자랑스럽게 말했지요.

"아버지, 이것 보세요. 나귀에서 떨어진 것은 하나도 빠뜨리지 않고 다 주웠어요."

한심한 아들은 의기양양한 얼굴로 아버지 얼굴에 나귀 똥이 든 모자를 디밀었어요.

그러자 아버지가 한 손은 코를 쥐
고, 다른 한 손으로는 손사래를 치며
호통을 쳤어요.

"어이구, 구린내! 이놈아, 저리 치
워라, 치워. 냄새 난다!"

저리 치워라

어머나, 그런데 아버지가 나귀 똥 냄새를 피하려 고개를 흔들다 그만 나귀 등에서 떨어지고 말았어요.

"아이고, 나 떨어진다!"

"어어어, 아버지!"

한심한 아들은 떨어지는 아버지 엉덩이에 얼른 나귀 똥이 수북이 쌓인 모자를 디밀었어요.

그리하여 철퍼덕!

아버지는 보기 좋게 나귀 똥 위에 떨어졌답니다.

"아버지, 나 잘했지요? 나귀 똥도 모두 받고, 아버지도 잘 받았어요. 히히히!"

나귀 몸에서 떨어지는 것은 빠뜨리지 않고 주운 한심한 아들은 신이 나 이렇게 외쳤답니다.

생각이 쑥쑥

어머나, 정말 한심한 아들이네요. 길
에 떨어진 남의 것을 줍지 말라 했더니,
바람에 날아간 아버지 모자까지 줍지 않
네요.

이번에는 나귀 몸에서 떨어지는 것은
모두 아버지 것이니 주우라니까 나귀 똥
까지 받아 담네요.

말에 담긴 뜻을 알고 상
황에 따라 융통성 있게
행동해야 하는데, 한심
한 아들은 그러지를 못했네요.